JN410319

만인시인선 · 60

# 목련탑

박경한 시집

# 목련탑

만인사

# 자서

삶은 신산스럽고 쓸쓸하고 외로웠지요. 많은 상처를 온몸으로 견딥니다. 불가에서 이 세상을 인토忍土라고 합니다. 낙타가 바늘구멍으로 들어갈 때까지 참고 견디는 것이 생이겠지요.

부정의 부정을 통한 대긍정을 위하여, 고통과 좌절도 좋은 공부라는 것을 깨닫습니다. 밥 먹고 일하고 잠자는 평범한 일상이 가장 위대하다는 것을, 가장 작은 것 속에 가장 큰 것이 들어있다는 역설을, 체험과 자연이 시인의 스승임을 깨닫습니다.

이원론, 이분법의 분별심을 떠나 살려고 애씁니다. 감각의 허상에 속지 않으려 애씁니다. 이념을 위하여 서정을 버리지 않기 위하여 애씁니다. 수사修辭와 욕심을 버리기 위하여 애씁니다. 인간과 자연을 알아차리기 위하여 눈을 닦습니다. 민달팽이처럼 느리게 살고자 애씁니다.

두 번째 시집 『목련탑』을 펴내는 중 어머니께서 91세를 일기로 별세하셨습니다. 삼가 이 시집을 어머님 영전에 바칩니다.

## 차 례

## 2

차 례

## 3

## 4

1

# 꽃구경

올 봄도
모든 견딘 것들이
꽃구경한다

산수유, 자목련, 매화, 수수꽃다리
사람은 꽃을 우러러 보고
꽃은 사람을 바라본다

누우 떼처럼 몇 마리는
시간의 강물 건너지 못하고
악어에게 물어뜯기고 말았다

물어뜯기는 마음으로
간절히 꽃을 본다

# 꽃밭에서

어린아이가 죄의식도 없이
단번에 꽃을 꺾는다
어린아이가 스스럼없이
꽃을 꺾는 것은
생명이 넘치기 때문이다

저 아이는 자라면서
몸살을 크게 앓을 것이다
어른들은 꽃을 꺾을 수 없다
남은 날을 헤아리기 때문이다

구절초, 국화가
다소곳한 가을 꽃밭에서
낮달이 엉거주춤 서 있다

# 목련탑

부처가 열반에 들 듯
목련꽃이 졌다
오월의 햇볕이 그를 화장해서
색깔과 향기를 없앴다
아무에게도 알리지 않고
서둘러 장례를 치른 것은
내년의 환생을 믿기 때문이다
또 봄이 오면
목련탑 불사佛事로
야단법석일 것을 알기 때문이다

# 오월 느티나무 아래서

오월 느티나무가
햇빛 받아먹으며 살을 찌운다
느티나무는 조용히 품을 늘린다
명상하든지 춤을 추든지
해와 달의 시간은 흘러간다

올해도 입추 지나고
잎들의 볼이 발그레 익어갈 때
하느님은 나무들의 살점 하나씩 뜯어
지상에 곱게 뿌릴 것이다

나뭇잎들 여기저기 잠시 떠돌다가
첫눈과 함께 사라질 것이고
나무는 묵상에 잠길 것이다

# 난꽃

나와 아내가 돈 벌러 나가고
아이들은 학교와 학원 다니는 사이
빈집 같은 아파트에 난꽃이 피었다
나비도 찾지 않고 새 소리도 들리지 않는
외딴 집에서 홀로 출산한 어미처럼
난초는 꽃을 피웠다
절해고도를 견딘 꽃가지에 물방울 맺힌다
외로움을 견디며
생의 자국을 남긴 꽃에게
늦은 밤 무릎을 꿇는다

# 대구역에서

휘황찬란한 대구역에서는
모두 바삐 움직인다

늦은 밤 조로早老의 한 사내가
소주 병나발 불며 쪼그려 앉아 있고
뒷골목 어귀 어김없이
모자 눌러 쓴 중년 여자가
낯선 사내들을 끌어당기고 있다

교회의 붉은 십자가 몇
낙타가 바늘구멍 들어가기를
기도하고 있는
자정 무렵

판잣집 여인숙 어둔 방에서
한 여자가 기침 쿨럭이면서
낯선 사내를 맞이하리라

삶은 멀고
희망 또한 남루해라

# 자귀꽃 설화

나무들도 잎의 혀 늘어뜨리는
초복 지난 어느 날
늙은이가 자귀꽃 아래에서 낫질한다
자귀꽃이 부부 금실 좋게 한다는 건 알지만
영감탱이가 노망이다 싶었다

산 입구 가까이 가 보았다
노인이 베고 있는 것은 자귀꽃이 아니라
자귀나무 목을 죄는 칡넝쿨이었다
저런 노인분 같으면
금실이 좋았을 것이라 생각했다

노인의 땀과 자귀꽃 향이
산문에 스며드는 하오에

# 원죄설

뒷산의 산비둘기 노래 들으며
높게 자란 옥수수 길 돌아
형님댁에 들렀다
복슬복슬한 강아지들이
어미젖 빨면서 손님을 바라본다
저네들 아빠는 누구냐고 물었으나
형님은 자꾸 말꼬리를 흐린다
서른 걸음쯤 맞은편에 서 있는 수캐,
강아지를 빼 닮은 저 수캐는
어미개의 아들 뻘되는 놈이 아니던가
형님은 겸연쩍게 그냥 웃는다
저 미물은 그래서 평생 무슨 죄처럼
사슬을 목에 묶고 빙빙 도는 모양이다
짐승 같은 옥수수 잎들이
운명처럼 흔들린다

# 친구 이야기

친구는 집이 가난해 중학교까지만 마쳤다
어릴 적부터 여기저기 직장 떠돌다가
요릿집에서 기술 배워 가게를 열였다
아내랑 하루 종일 지지고 볶으면서
오토바이 타고 철가방을 나른다
그러고 보니 만년 학생이다

한 달에 한 번 가게 문을 닫고
인근 동네 보육원 간다
짜장과 짬뽕 국물은 미리 만들고
보육원에서 면을 뽑아 삶는다
아이들은 짜장면 냄새 맡고 온다
여섯 살짜리 언니가 네 살짜리 동생 손 잡고
짜장면 먹으러 서둘러 온다

친구는 아이들 한 끼 먹이는 게
별 것 아니라며 큰손을 내젓는다
보육원 입구 백구 한 마리 침 흘리고

백일홍이 수줍어하는 유월 한낮에
친구는 철가방을 나른다

## 짬뽕을 기다리는 시간

단풍나무가 짬뽕 빛깔로 물듭니다 늦은 점심 짬뽕 먹으러 갑니다 느티나무 위에서 새들이 무거운 날개를 펄럭이는데 언젠가 철 지난 바닷가에서 그대와 함께 한 파도소리처럼 느티나무가 폈다 오므렸다 아코디언을 켭니다 짬뽕과 짜장면을 각자 주문하는 것처럼 그대와의 만남은 항상 엇나갑니다 당신이 타고 올 버스를 기다리듯 당신이 타고 왔어야 할 밤 열차를 기다리듯 약속도 없이 짬뽕을 기다립니다 또닥또닥 당신의 구두굽 소리처럼 주방에서 단무지 써는 소리 들립니다 짬뽕을 기다리는 이 시간도 눈이 오면 지워지겠지만 짬뽕을 기다린 늦은 가을은 남을 겁니다 늦은 점심 혼자 먹는 짬뽕의 시간에 감나무 한 그루 덜컹거립니다 오후의 햇살이 면발처럼 붇습니다

# 발을 잊다

살아가는 게 서툴러 구두가 탈났다 멀리 떠돌던 구두가 마음보다 먼저 주저앉았다 유배의 땅일지라도 모든 게 잠깐이네 중얼거리며 버스정류장 옆 컨테이너 장애 아저씨에게 구두를 맡긴다 나는 잠시 목발처럼 난처하다 갈라진 손이 신발을 깁는다 신발이 갈라진 손을 깁는다 손발이 척척 잘 맞는다 신발이 잘 맞으면 발을 잊는다고 했다 검게 반짝이는 그의 손이 나의 발이므로 나도 잠시 발을 잊는다

# 친구는 사랑을 앓고

너는 캄캄하고 차가운 방에서
통조림처럼 갇혀있구나
너를 마신 폐허의 소주병과
너를 그을린 숱한 담배들이
너의 자식들처럼 엎어져있구나
졸아든 냄비와 포개진 그릇에는
곰팡이처럼 고통이 잘 자라고 있네
굶주린 금붕어는 입을 벌려 뻐끔거리고
개화를 포기한 화분 두엇
혀 빼물고 늘어져있구나
목련꽃이 환한 오후 네 시의 봄,
목련은 빛을 만드는데
너는 어둠을 만드는구나
친구여, 저 환한 목련도 어쩌면
고통을 뜯어먹으며 피는지 모른다
슬픔도 기쁨도 영원한 것은 없다며
차라리 환하게 피는지 모른다

# 사이

사이가 있어 꽃이 핀다
사이가 있어 새가 둥지를 틀고
햇살 모아 알을 낳는다

사이가 있어 바람이 불고
사이가 있어 서로 바라본다
사이가 없다면 그대도 나도
어느새 겨울이다

불임의 살구나무가
홀로 꿈꾸고 별을 보는 것은
사이가 있기 때문이다

# 이사 이야기

이른 아침에 시작한 이사가
저녁 무렵에야 끝나고
거실에 액자 거는 일만 남았다
이사의 하루가 길어
의자 아래서 액자를 들고
일꾼의 못질을 바라본다
사장님, 못질할 때는 원래
못을 쳐다보는 게 아닙니다
나는 집의 벽을 생각하고
그는 나의 눈을 걱정한다
별것 아닌 액자가
명품이 되어 걸려 있다

# 매잡이 사랑법

매잡이는 수족처럼 매를 부리다가
인연이 다하면 끈을 풀어준다

유월이면 꽃의 나이로 예순 살,
나도 이제 당신 가만히 놓아주리라

물 한 잔 달게 드신 후
때가 되면 뒤돌아보지 말고
휘청휘청 가시기를

# 하루

오늘 하루도 수고했다
돋보기 걸친 눈도 수고했고
아픈 목도 고생했다
당신도 애썼다
출근길 언덕의 쑥부쟁이도
퇴근길 회화나무도
모두 고생했다
빨리 자거라
이제 밤이 늦었다

2

# 시
## —민달팽이의 노래·1

파계사 성전암 바위에
민달팽이 한 마리 시 쓴다
느릿느릿 새 소리도 받아 적고
돌돌돌 구름 흐르는 소리도 적는다
연필에 침 발라 초등학생 숙제하듯
더디게 점액의 시 쓴다
먹 갈아 일필휘지로 쓴 느린 시,
시 쓰기가 지겨우면 불화도 그린다
성전암 새벽이슬 머금은 종소리도
운율에 맞추어 받아 적는다
느린 시 읽으며 단풍이
한 박자 한 박자 점등한다

## 맨발
—민달팽이의 노래·2

옷을 버리고 고무신도 버리고
밥그릇까지 모두 버렸다
구름이 흐르듯 물이 흐르듯
사람의 길이 끝나는 곳에서
어제도 오늘도 운수행,
거창한 내일의 희망보다는
바로 여기 오늘의 길을 걷는다
솔바람 소리에 정신을 씻고
철 따라 피어나는 꽃구경도 하며
그의 마음은 언제나 맨발,
느리게 걷기에 발이 상하지 않는다
껍데기의 몸 넘어 그가 남길 것은
그림자 한 벌이 전부이다

# 사랑
## —민달팽이의 노래·3

그에게도 어쩔 수 없는
소나기 같은 사랑이 있었을 게다
사랑이 다한 뒤 비에 젖은
불면의 긴 밤도 있었을 게다
소주 같은 이슬 마시며
그렁그렁한 눈으로 비명碑銘도 썼을 게다
철쭉꽃이 피고
몇 번의 눈이 흩날렸을 때
소중한 것의 부질없음 깨달았을 것이고
사랑은 새기는 것이 아니라
흘려 보내는 것임을,
산벚나무가 산벚꽃을 보내듯
다치지 않게 잘 보내는 것임을
알았을 게다

# 천수대비가

저의 눈을 멀게 해 주세요
더듬거리며 물을 찾아 몸 씻은 후
마른 꽃잎처럼 몸을 없애주세요
자비의 손으로 저를 버리시고
천 개의 바늘 같은 손으로
저를 꼭꼭 찔러 주세요
피가 잘 말라 바스락거리게 하시고
죽음까지도 바람에 날리게 해 주세요
밥그릇도 손도 없앤 후
조금은 슬픈 노을 같게 해 주세요
잔잔한 어둠 하나로
그렇게 남게 해 주세요

## 그대에게

하늘의 별을 훔쳐도
자귀꽃 향을 훔쳐도 될 텐데
내 마음 훔친 그대는 큰 도둑

내 마음 잃은 후
나 장님처럼 앞을 볼 수 없어
더듬거리며 문을 찾고 있네
잃어버린 마음 찾으려
문 없는 문을 찾고 있네

큰 도둑에게 잃어버린
그 마음 찾고 있네

# 성전암 가는 길

이생 한 번 잘 살아보려다
이번 생을 망친 자 새벽에 입산한다
아직도 버려야 할 마음 보따리가 있느냐며
시간에 닳아 홀쭉해진 나목들 혀 찬다
상수리나무들은 한 번에
탐욕의 잎 모조리 떨어뜨렸다
산문을 안으로 걸어 잠그고
위리안치, 동안거冬安居 중이다
절벽에 오른 뒤 사다리를 버리고
강을 건너면 배를 부수는 결기가
솔바람 몇 점도 비켜 가게 한다
새벽별처럼 한 번 외로워야
한 뼘 높아진다고 새 한 마리
음성모음으로 깊이 운다
상수上手든 상수리든
세상살이에는 영원한 것이 없어
저들도 시절 인연이 다하면
절집 아궁이에서 다비식 치를 것이다

굽이굽이 돌계단 오르면서
부질없는 사랑 한 잎씩 버린다
눈발 날리고 또 사월의 철쭉 피어도
흔들리지 않을 내 사랑을 위하여
오르면서 자꾸자꾸 버린다

# 팔공산 가는 길

다시는 내려오지 말자
내려오는 길 없애고
다시는 돌아오지 말자

새들이 날개를 접고
사람의 마을에는
불빛 하나 둘 꺼지는 시간
풀벌레의 송신에 귀 세우고
달맞이꽃 향에 눈 씻으며
먼 길을 걷는다

다시는 거미줄에 걸리지 말자
절벽이 있으면 아픈 대로 넘자

별빛 도반 삼아
동이 틀 때까지 밤새
길을 걸어 만난 갓바위는
넌지시 웃을 뿐 말을 거두었다

# 빚

노스님 고무신이 매번 좌우가 바뀌어 있자 시자가 낡고 닳은 신발을 바로 잡아 놓았다 얼마 지나지 않아 신발 좌우측이 또 바뀌어 있었다 노스님은 신발 바닥 좌우를 고루 닳게 해서 고무신에게 빚을 갚고자 한 것이다 이십 년 넘게 승용차를 타고 다니는 분이 있다 장수비결은 운행이 끝나면 소의 목덜미처럼 수고했다고 쓰다듬으며 빚을 줄인 것이다

## 구름과 놀다·1

팔배나무와 눈 맞추며
산문 자욱한 구름 속을
느릿느릿 입산한다

망망대해 구름의 바다에서
두둥실 일엽편주 타고
생각의 낚싯줄을 거둔다

세상 안부 잊는 동안
떡갈나무는 바람과 놀고
나는 구름과 논다

# 구름과 놀다·2

운문사 대웅전
배롱나무가 꽃잎 연등을 밝힌다
행인들 길 잃을까
대낮인데도 꽃등 밝힌다

구름의 문은 어디 있을까
열면 문인데
눈에 보이는 문이 항상 감옥

마음의 신발 잠시 벗고
구름의 문 열고 들어간다

# 옷 한 벌

교복 벗고 군복을 입었다
군복 벗은 후 작업복을 입었다
그 옷의 소매는 닳아 있거나
소금꽃이 피어 있었다

가족들 밥 챙긴 후
세월이 한가해질 때
환자복을 입었다
마지막에는 수의 한 벌 입었다
수의는 주머니가 없었다

옷 한 벌 벗기 힘들다고 그가 웃었다

# 겨울 자작나무

사람들의 길이 끊긴 산 속에서
겨울밤처럼 길게 깊어가는
자작나무를 만났다
발목이 푹푹 빠지는 눈길 걸어
가지 없는 자작나무를 만났다
원수가 부처의 한 쪽 팔 베었을 때
부처는 그를 용서했다고 한다
봄에 눈이 녹는 사연은
그대가 모두 용서했기 때문이다
스스로 짓는 만큼 스스로 받는다
시간의 불길이 너의 팔을 살라먹어도
자작자작 용서하는 자작나무 있다

# 살구꽃 이야기

살구꽃이
울긋불긋 천 근
어릴 적 나무에서
그네를 탔지

아직도
펄럭이며
하늘 닿지 못하고
나도 꽃잎도
핑그르르
나그네

# 짐짝

할머니가 휠체어에 할아버지를 밀고 갑니다 병원 복도 지나며 할머니가 "짐이요" 합니다 청소하던 아주머니가 고개를 갸웃거리며 비켜 섭니다 평생 그녀에게는 그이가 짐이었을 것입니다

생은 삐거덕하며
끌고 가야할 짐이지요
우리는 서로에게 짐이면서
끌어가고 끌려가야 할 짐이지요
할머니의 파지 수레가
오르막길 오르는 것처럼
넘어야 할 짐이지요

# 화쟁和爭

소한과 대한 사이 눈발이 날리고
운암지가 꽁꽁 얼어붙었다
마른 연밥도 영원처럼 물 위에 얼어붙었다
얼음의 깊이가 알고 싶어 돌을 던졌다
돌멩이는 쩡쩡 소리를 내며 굴러가더니
얼음의 흰 피만 묻히고 돌처럼 굳었다

버들개지에 물오르는 봄날
운암지에 다시 들렀다
얼음 녹자 돌멩이는 물 속으로 사라졌다
물이 돌멩이를 받아준 후
돌멩이에 싹이 돋아 연꽃 줄기로 자라고 있었다

# 돌탑

단풍이 차마 아까운 날
산행하면서 돌탑을 만났네
크고 작은 돌들 서로의 몸 기댄 채
말없이 자리를 지키고 있었네
큰 돌은 작은 돌을 업고
작은 돌은 큰 돌에게 몸 맡기고 있었네
사람의 몸도 돌탑이라 생각했네
다리가 얼굴을 업고 다닌다고 생각했네
위층의 작은 돌이 지나치게 무거우면
와르르 무너진다는 것을 알았네

3

# 산수유

늦가을 어스름
동구 밖 서성이는 야윈 새를
산수유가 가만히 불렀다
봄부터 다독여 잘 익은 열매
새의 입에 가득 물려주었다
하늘의 나그네 새는
붉은 열매 날름 수유授乳받고
어깨 기대 한동안 쉬다가
하늘로 날아갔다

# 연화도에서

사람들의 이름은 모두 따뜻하다
사람들의 이름에는 해초 내음이 난다

햇빛 한 아름 받으며
동백꽃은 또 그렇게 피고
무엇이 그리 안쓰러워
또 그렇게 지고
염소가 한가롭게 풀을 뜯으며
떠돌다 온 육지의 탕자들 마중한다

남해의 잔잔한 언덕 위
집도 잊고, 식구도 잊고
한세상 조용히 늙고 싶지만
다시 일상으로 돌아오는 길
사람들의 이름은 연등처럼
모두 따뜻하고 환하다

# 지심도 동백꽃

바람 없는 사월의 하오에
동백꽃이 섬의 홍일점으로 피었네
흔한 수다도 없이 더러는
뭉텅뭉텅 사랑을 지우네

팔만대장경을 한 글자로 줄이면
마음 심心이라고 했던가
지심도 동백꽃 보며
분주하기만 했던 사랑과
여물지 못 했던 마음 추스르네

깊고 큰 사랑은
그늘 아래 무릎 꿇는 동백꽃처럼
그대의 안녕 비는 것임을 알겠네
붉은 사랑 지우는 것임을 알겠네

# 물푸레나무

그대에게 물이 들었네
그대 때문에 물이 들었네
나는 다만 물마시며 살고
물들일 엄두도 못냈는데
차츰 내 마음 푸르게 물들였네
바람 불고 눈발 날리면
마음의 잎도 지련만
푸른 잎 점점 깊어가
내 마음 샘물 첨벙 흘러넘치네
나 모르는 사이
그대가 나를 물들였듯
나도 세상 물들이고 싶네
물푸레나뭇잎 같은 새들도
내 마음 알아차려
재잘재잘 쉬다 가게 하겠네

## 어떤 축하

유리창이 쨍 깨어지더니
주르르 폭죽처럼 내려앉는다
아이들이 박수를 치며
축하합니다, 축하합니다,
당신의 생일을 축하합니다

그놈들
참, 별난 축하다
갑자기 닥친 그 아이의
황당한 생일이다

내 생도 그랬다

# 빌어먹는다는 말

어릴 적 손주들이 잘못하면
할머니는 혀 끌끌 차며
이 빌어먹을 손들 했다

오늘 점심을 먹으며 생각한다
대지가 버무려 만든 쌀을 빌어먹고
햇빛의 시간이 스며든 된장을 빌어먹고
참으로 합당한 빌어먹는다는 말

엄마의 생 송두리 째 빌어먹었고
아직도 그대의 손발에 기대어
갚을 기약도 없이 빌어먹고 있네
당당하고 염치도 없이
어제도 오늘도 빌어먹고 있네

# 생일밥

머리 희끗한 막내아들 생일에 구순의 노모가 닭개장을 끓인다 거뭇거뭇한 감나무처럼 얼굴에는 저승꽃이 활짝 피고 합죽한 입 오므리며 닭 삶아 뼈 발라낸다 담장 아래 잘 자란 토란 줄기 넣고 노모의 인생처럼 짭조름한 된장도 듬뿍 풀어 넣는다 햇볕은 따갑게 내리쬐고 땀은 연신 흐르는데 국그릇이 비자 또 국물을 채운다 앞산에서 산꿩이 꿩꿩 노래 부르면 뒷산에서 뻐꾸기가 뻐꾹뻐꾹 화답한다 막내아들을 위한 이생의 생일밥 어미닭 날개 속 병아리처럼 나는 아무 걱정이 없이 이 생일밥을 받는다

## 상처

상처받지 않은 생명 있다면
예수에게 돌을 던져라

속수무책 개미에게 끌려가는
지렁이의 몸부림과
매끈한 고래의 등에
선명하게 패인 흉터를 보아라

풍찬노숙 세월을 견디는 이들과
한 쪽 다리 질질 끄는 고양이는
어디서부터 잘못 되었는지 모른다
몰래 고양이에게 밥을 주는 사람
늦은 밤에 본 적이 있다

한 쪽 다리 잃은 고양이에게
몰래 밥을 먹이는 이
꽃의 상처가 열매다

## 손님

아내는 눈이 오나 비가 오나 성당에 잘 다니고 꽃이 피나 잎이 지나 나는 술집으로 출근한다 주막에서 늦는 날이면 화를 낸다 손님을 예수처럼 환대하라 했으니 집 사람은 예수에게 화를 내는 셈이다 동백꽃이 이 지상에서 마지막 꽃을 피워 올리는데 여쭤 보아야겠다

하느님,
오늘 집 나가서 한 잔해도 될까요
동백꽃의 내생을 위하여
한 잔해도 될까요

# 감나무

감나무 잎이 곱게 물들어간다
햇볕 한 그릇 동냥받기 위하여
두 손 내민 시간들이 이제 붉다

감이 익어가던 어린 어느 가을 날,
아버지는 소를 제대로 끌지 못한다고
뺨을 후려갈겼다 눈물과 코 범벅된 얼굴에
붉은 손자국처럼 치욕이 자랐다

전생에서 나는 무슨 큰 잘못을 저질렀던가,
그 후로 똥물 단지를 지게에 지고
비비 마른 감나무에 뿌렸다

정육점의 고기처럼 매달린 저 감나무잎은
상강 지나 잎 다 진다고
치욕이 사라지는 것은 아니다

치욕은 나의 목숨,

치욕의 힘 때문에 나무는 쓰러지지 않는다
북풍한설 몸 벌벌 떨면서도
기어코 너를 견디게 한다

# 학생 야영장에서

백합 같은 여학생들이 버스에서
피난민처럼 큰 가방을 내린다
매미의 인사를 받기도 전
조교들이 고함 지르며 아이들을 내몬다
유월 한낮의 땡볕 받으며
정신교육은 반복되고
목련 같은 아이들 하나 둘 쓰러진다
팔굽혀펴기, 쪼그려 뛰기, 뒤로 취침,
정신이 빠졌다며 얼차려 준다
삼청교육대처럼 정신을 뜯어고친다
늙은 느티나무 잎들이 새파랗게 질리고
아이들은 점점 말을 잃고
조교의 입만 바라보며 일사불란 움직인다
공동체 정신을 발휘하며
먼저 물을 마시라고 양보한다
불꽃놀이를 보면서도 입을 다물고
캠프파이어에서도 몸이 굳어있다
팔십년대의 유령이 목을 죄어오는

야영장의 밤은 그렇게 깊어가고
개구리가 아이들 대신 논에서
밤새 소리 지르고 있었다

# 국어 시간

언어의 역사성을 공부했다
언어도 교정의 느티나무처럼
태어나서 늙어가고 언젠가 죽는다
능소화가 지듯 목련이 소리 없이 졌듯이
시간의 칼에 베여 스러진다
지는 것을 알아차리는 일이 공부지
석류도 언젠가 낙과하겠지만
온힘을 다해 열매를 키운다
끝이 있다는 걸 알면서도
그 끝을 사랑하는 것,
그게 목련 같은 우리의 숙제다

# 황소바람

기말고사 시험이 끝난 후 아이들의 인생도 끝났는지 파장이다 교실 창밖으로 내리는 눈을 보며 환호하는 것도 잠시 눈이 계속 내리자 아이들은 다시 조용해졌다 폰을 만지거나 거울을 꺼내보고 깔깔대며 이야기를 나누다 잠을 잔다 같은 강물 두 번 건널 수 없다고 되뇌지만 아이들은 다시 무료하다 매미도, 새들도, 배롱꽃도 떠나 적막하다 아이들이 잠자는 동안 교실에 뒹구는 모의고사 문제지를 곱게 접어 출입문에 서성이는 덩치 큰 황소바람을 단속한다 황소가 고개 갸웃하며 물러가겠다 눈은 자꾸 내리고 운동장의 느티나무에게도 목도리를 건넨다

## 청남대, 짧은 여행의 기록

차창에 비치는 청빈의 하늘과
넘실대는 벼들의 물결을 보며
대청호 끼고 몇 구비 돌아간다

흠집 있는 사과가 더 달 듯
곡선을 산 사람의 인생이 더 아름다우리
한 때 제왕의 자리에서 호사를 누렸던
그분들 모두 어디로 갔을까

청남대 산자락
모과나무, 감나무보다 못한 영화를
까치 몇 마리가 나무란다

나무는 나이테를 만드는데
물결은 잠시 무어라고 초서를 쓰다가
그것마저 지워버렸다

# 원숭이 사냥법

원숭이 사냥법은 간단하다 총도 올가미도 따로 필요없다 원숭이 팔이 겨우 들어갈 주머니와 사과 한 개만 있으면 된다 원숭이는 향긋한 사과에 빠져 사냥꾼이 다가가도 주머니 속 사과를 움켜쥐고 있다

몇 년 사이 집값이 많이 올랐다
어떤 이는 휘파람을 불고
어떤 이는 고개를 떨군다
하늘의 새는 집 걱정이 없는데
주머니 속 빨갛고 향긋한 사과의
집 때문에 집에 갇힌다

# 쟁기질

화전민은 밭을 갈 때
지어미가 앞 서고 지아비가 쟁기질했다
지어미가 아픈 날은 지아비가
앞에서 소처럼 끌어
쟁기줄은 팽팽했다

아내가 식은땀을 흘리며
늦은 밤 쿨럭인다
나는 화전민 지아비가 되어
파뿌리 넣어 물을 팽팽하게 끓인다
느슨했던 줄이 금세 팽팽해진다

# 엄마 세상 뜨기 전

구순의 엄마
세상 뜨기 전 할 말 있네
시골 마당에서 철 따라 돋아나던
채소와 꽃씨는 어디에 두는지
녹두, 해당화, 도라지는
언제쯤 씨앗을 뿌리는지
씨앗 뿌린 후 어떤 것을 덮어주는지
어떤 것을 북돋워주는지
자식 키울 때 언제 가장 행복했는지
언제 뒤란에서 많이 울었는지
세상 뜨기 전 할 말 있네

4

# 한 뼘

모든 경계는 한 뼘이네
한 뼘의 경계에서 배롱나무꽃이 피고
한 뼘의 경계에서 산 위로 달이 뜨네
한 뼘의 차이로 당신은 떠나고
한 뼘의 차이로 당신을 안을 수 없네
운명의 뒷모습인 당신,
어제는 한 뼘의 경계에서 해당화 지더니
오늘은 능소화 한 송이 더 피었네

## 환생

나 죽은 후 다시 태어난다면
그대의 별이 되리라
쓸쓸하고 늦은 귀갓길
그대의 발길 비추리라

나 죽어 다시 태어난다면
그대의 밥이 되리라
쌀밥 속 잘 익은 콩이 되어
그대의 몸속에 스며들리라

여러 겁 시간이 흘러
나 다시 태어난다면
그대의 자식이 되리라
대책 없는 망나니가 되어
그대의 홧병이 되리라

그리하여 나의 불면처럼
그대 잠 못 들게 하리라

## 목련꽃 질 때

사랑이 그러하듯
금강 같던 목련꽃도 한 순간이다
바람에 견디다 널브러진 꽃잎은
죽은 새의 날개처럼 처참하다

한때는 길 잘못 든 이들의
순백의 희망이었으나
지금은 쓸쓸한 하관의 오후

소주잔을 기울이며 그에게 조문 간다
질 줄 알면서도 피었던 꽃,
사는 것은 꽃그늘 하나 만드는 일이라고
스승처럼 가르쳤던 하얀 목련에게
여러 번 큰절을 올린다

# 특별 사면

광복절을 맞아 많은 이들이
특별 사면을 받았다
예수가 우리의 죄를 대신했듯
나도 나를 사면한다

옥수수 잎처럼 무성한 욕망과
너를 사랑하지 못한 나를 용서한다
너무나 뜨거웠던 청춘과
이웃의 국밥되지 못한 날들과
유폐를 자처했던 벌레의 시간을

칡꽃이 지고
또 칡꽃이 피는 것 믿으며
어제를 장례 치른다

## 낙화에 대한 기억

늦은 봄날 유학산 산벚꽃 가만가만 지고 있었지요 새들은 조심조심 날아가고 냇물도 소리죽여 꽃잎 하나하나 받아주고 있었지요 정처 없는 바람은 만장처럼 나부끼고 굴참나무잎들 조사를 읊고 있었지요 흩날리는 꽃잎 사이로 스물다섯 살의 지아비가 유서를 쓰고 포탄 속에 유학산 오르고 있었지요

# 꽃

꽃사진 작가가 말했다 나무의 생식기가 꽃인데 자신은 생식기에 앵글을 갖다 대고 매번 거기만 바라본다고, 거기는 여자의 부끄러운 부분인데 자신도 자꾸 부끄러워진다고,

몇 대야 피를 흘리신
어머니의 어머니로 이어진
신성불가침 우주의 목숨이 아닌가
꽃이 피지 않으면
누가 날개를 움직여 일하고
땅을 북돋으며 땀 흘릴 것인가
꽃은 우주의 자궁,
꽃은 역사의 첫길이 아닌가

# 가을 편지

당신이 떠난 후 넝쿨장미가 쑥대머리가 되었습니다 꽃잎은 바스락거리며 먼지를 날리고 여름 내내 우렁차던 매미도 시간의 껍질만 남겼습니다 세월은 칼처럼 차가워 당신의 온기를 지웁니다 아이들이 차고 놀던 공도 바람이 빠지고 쑥부쟁이는 바람에 흔들립니다 당신을 지우지 않기 위하여 길을 걷고 낙엽을 줍고 자꾸자꾸 안녕을 빕니다 부질없다는 것 알면서도 은행나무 책갈피를 줍습니다

# 시의 사전

교도소는
용맹 정진하여
도를 닦는 곳이다
외도는
밖에서 도를 얻는 것이고
도 중에서 최고의 도는
내비도이다

모든 것 받아주니까 바다이고
이십 년 넘어야 열매를 맺어
참나무이다
아내는 내 안에서 뜨는 해이고
저를 받아 달라고 하는 것이
절 받으십시오이다

새벽은
매일매일 맞이하는
새로운 벽이다

벽에 갇히든
벽을 무너뜨리든
스스로의 몫이다

# 입관식 체험

음성 꽃동네에서
죽음을 위로하는 촛불 지나
관 속으로 뚜벅뚜벅 걸어 들어간다
모든 상처는 나에게로부터 왔기에
원망할 사람은 없다
누구는 시원始原으로 돌아간다 하고
어떤 이는 다시 태어나지 않는다고
수군거린다 향 냄새 맡으며
눈을 감고 마음 속 반짝이는 별들
관 속에 함께 묻는다
신체 포기 각서 쓰고나니
마음이 별처럼 순해진다

# 파미르고원

무리에서 벗어난 산양 두 마리가 파미르고원을 달린다 어미 산양이 평원 중앙에서 무릎을 꺾으며 숨을 거두고 표범과 독수리에게 몸을 준 후 장엄한 석양으로 돌아갔다 새끼 산양은 멀리서 눈물 거둔 뒤 어둠 속으로 사라졌다

# 목련 십자가
## —성 베네딕도 왜관수도원에서

어젯밤 하느님이 왔다 가셨나 보다
목련꽃 가지에 순백의 십자가를 걸어둔 후
도둑처럼 왔다 가셨나 보다
짧은 시간 속에서 목련나무는
잠시 바람에 흔들리다가
예수의 피처럼 뚝뚝 떨어지겠다
하느님의 손길이 아무리 따뜻하다 해도
이 세상 영원한 것이 어디 있으랴
사람을 부르는 수도원의 종탑도
천 년을 견디지 못할 것이고
수녀들의 주름살 없는 앳된 볼도
순결하게 늙어가리라
채찍의 이생에서 우리가 할 일은
눈부셔 슬픈 목련꽃 그림자를
그대와 함께 고요히 바라보는 일,
꽃그늘 아래 예수의 피나 닦으며
그대의 안녕을 봉헌하는 일,
영생하지 못하는

저 목련을 안타까워 할 수는 없네
지기 위해 핀다 해도 할 수 없네
목련이 시들지 않을 것처럼 활짝 피었네
간밤에 하느님이 몰래 왔다 가셨나 보다

# 화장장에서

말 없는 굴참나무 위로
눈발은 희끗희끗 뼛조각처럼 내리는데
누구도 말이 없다
이십대 후반의 젊은 망자
청춘의 화장을 지우는 동안
소주라도 한 잔했으면
눈이라도 흠뻑 내렸으면 좋겠다
굴뚝 같은 굴참나무 검은 가지 위로
새들이 망자를 위로한다
유배인지 소풍인지 그는 떠났고
우리는 버스 타고 길을 지우며
각자의 집으로 돌아갔다

# 어느 젊은 망자에게

이승의 강을 갑자기 네가 건너고 꽃이 몇 번 더 피었다 졌구나 해마다 오월이면 잊지 않고 이팝나무, 불두화, 찔레꽃이 만장되어 너의 영면을 비는구나 너를 위해 돌렸던 숱한 염주들 이제 내려놓을 때가 되었구나 이승과 저승의 경계가 어디 있으랴 네가 이생에서 웃을 때도 네가 이 지상을 우연히 떠났어도 이팝나무, 불두화, 찔레꽃은 피는구나 시간은 모든 것을 지우는구나 각자 운명의 밥그릇을 따라서 너는 그쪽에서 밥을 먹고 나는 이쪽에서 일하고 술 마실 뿐, 이제 너의 짧은 생을 안타까워 않겠다 저 꽃들도 때가 되면 피어나고 시절 인연이 되면 지는 것을 알겠다 이승과 저승의 적적한 하오에 소쩍새 한 마리 서로의 안부를 묻는구나

# 공계空界

지인과 말없이 산길을 걸었다
마른 쑥부쟁이가
남은 향기를 거두고 있었다
생각을 비워 몸이 가벼운 노년처럼
억새풀은 무심하게 흔들리고
상수리나무 잎들은 계곡을 건너는지
날개 퍼덕이며 날아올랐다
어두워오는 지상의 장엄한 만추에
도덕암 노승의 독경이 희미하게 들렸다
안절부절 못하는 색계色界 지나면
그물에 걸리지 않는다고 한다

# 심우도

어릴 적 우리 집 암소는 목에 요령을 달았다 산비탈 밭을 갈 때도 한겨울 여물 먹을 때도 새끼가 팔려갔을 때도 댕그랑 댕그랑 소리 달았다 소는 요령소리 들으며 죄 없는 현생 생각했을 것이고 요령소리는 절집의 풍경 소리처럼 소의 법당이 무너지지 않도록 일으켜 세웠는지도 모른다

| 해설 |

# 아무 것도 아니며, 모든 것

## —「한 뼘」과 「사이」의 서정 시학

**김선굉(시인)**

1

인생은 아무 것도 아니며 모든 것이다. 무한소아無限小我. 이 순간 내가 사라진다해도 세상은 아무렇지도 않게 흘러간다. 그러므로 나는 아무 것도 아닌 것이다. 무한대아無限大我. 세상의 모든 것들이 아我를 위하여 존재하고 있다. 그러므로 나는 모든 것의 중심에 있다. 서정적 상상력은 아무 것도 아닌 것에서 모든 것으로 나아가는 에너지원이다. 서정적 상상력은 자아와 세계의 화해를 지향하는 정신이다. 시는 아무 것도 아니고 모든 것이다. 시인은 이 벅차고 감당하기 어려운 모순 형용을 부둥켜 안고 뒹구는 사람이다.

박경한의 두 번째 시집 『목련탑』을 읽어나가면서, 나

는 이 사나이 또한 운명적으로 시인의 길을 걸어갈 수밖에 없겠다는 생각을 했다. 심보선은 「슬픔이 없는 십오 초」에서 이렇게 노래한다. 〈누구나 잘 안다 이렇게 된 것은/이렇게 될 수밖에 없었던 것이다〉. 운명에 관한 놀라운 통찰을 아무 것도 아니라는 듯이 풀어내는 서정적 내공이 만만치 않다.

박경한의 원고가 내게로 왔고, 이렇게 나는 그의 작품 세계를 들여다보고 있다. 이렇게 되게 되어 있었던 것일까. 나는 이렇게 된 것의 배경을 깊이 들여다보면, 아, 이렇게 되게 되어 있었구나, 하는 것을 알게 된다. 이런저런 사정을 말하며 정중하게 돌려줄 수도 있었지만, 나는 그의 작품 세계를 모티브로 짧은 산문을 쓰기로 했다. 「한 뼘」과 「사이」 때문이었다. 그 「한 뼘」과 「사이」에서 형성된 서정적 자장磁場이 「목련탑」을 솟아오르게 하고 있었기 때문이다. 그 자장에서 고요히 「난꽃」이 피어나고 「목련 십자가」가 〈활짝 피〉어나는 것이다. 현재 박경한의 시 정신은 〈민달팽이처럼 느리게〉(「자서」) 아무 것도 아닌 일상의 사소함을 부둥켜 안고 인생의 모든 것인 삶의 의미를 하나씩 하나씩 건져 올리고 있다.

2

시문학에서 심미적 거리의 문제는 늘 문제가 된다. 서정적 상상력이 시인의 내면 깊숙이 닻을 내리고 작동할 때, 시의 문맥에 나타나는 거리가 아무리 멀어도 심미적 거리는 가깝다. 박경한식으로 말하면 〈한 뼘〉이다. 그러나 그 상상력이 줄이 끊어진 연처럼 허공에서 흐느적거리면 반 뼘 앞의 사물을 그리고 있어도 심미적 거리는 아득히 멀어질 수밖에 없다. 박경한의 작품 세계가 거느리고 있는 가장 큰 미덕은 심미적 거리에 대한 믿음을 갖게 하는 것이다.

모든 경계는 한 뼘이네
한 뼘의 경계에서 배롱나무꽃이 피고
한 뼘의 경계에서 산 위로 달이 뜨네
한 뼘의 차이로 당신은 떠나고
한 뼘의 차이로 당신을 안을 수 없네
운명의 뒷모습인 당신,
어제는 한 뼘의 경계에서 해당화 지더니
오늘은 능소화 한 송이 더 피었네

—「한 뼘」 전문

사이가 있어 꽃이 핀다
사이가 있어 새가 둥지를 틀고

햇살 모아 알을 낳는다

사이가 있어 바람이 불고
사이가 있어 서로 바라본다
사이가 없다면 그대도 나도
어느새 겨울이다

불임의 살구나무가
홀로 꿈꾸고 별을 보는 것은
사이가 있기 때문이다
—「사이」 전문

「한 뼘」은 자아와 세계가 어떻게 만나서 어떤 관계를 이루고 있는가를, 자아와 세계의 만남의 한 단면을 아름답게 보여주고 있다. 그리고 그 만남의 경계가 〈한 뼘〉이라는 통찰은 극적인 호소력을 지니고 다가온다. 〈한 뼘의 경계〉 바깥에 존재하는 즉물적인 타자는 〈꽃〉과 〈달〉로 유추되는 자연과 〈당신〉으로 표상되는 사람이다. 이 작품은 이별의 아픔을 노래하고 있다. 단 〈한 뼘의 차이로 당신은 떠나고/한 뼘의 차이로 당신을 안을 수 없〉다. 그리고 그 〈당신〉은 〈운명의 뒷모습〉인 것. 운명은 그렇게 되어 있었던 것, 이렇게 될 수밖에 없는 것이다. 이러한 비극적 세계 인식은 시인의 작품 세계를 지배하는 시정신의 한 축을 이루고 있다. 〈운명의 뒷모습〉으로 다가온 이별이 자연의 아름다움을 배경으로 더 선명한 안타까움과 아픔으로 아로새겨지고 있는 것이다. 이 〈한 뼘〉의 상상력은 박경한의 시 세계의 중심에서 작동하고 있는 서정적 전략이다. 시인의 상상력은 사회적으로 맺어지고 있는 타자와의 관계, 그것이 가족이든 친구이든 연인이든 동료이든 간에 궁극적으로는 〈한 뼘의 차이〉로 〈떠나〉버리거나 〈안을 수 없〉게 된다는 비극적 인식에 닿아 있다. 그러한 안타까움 때문에 박경한의 노래는 자연을 향하기보다 사람을 향에 열려 있다. 그러므로 그의 시는 자신의 내면을 향해 쓸쓸히 걸어 들어가거나 사회적으로 관계를 맺은 타자의 인생을 향해 다가서고 있는 것이다.

「사이」는 「한 뼘」과 함께 박경한의 시를 읽는 핵심적 미학 코드다. 〈한 뼘〉을 즉물적이라고 한다면 〈사이〉는 관념적이다. 〈한 뼘〉이 서정적 이미지로 다가온다면 〈사이〉는 철학적 사유로 다가온다. 〈한 뼘〉이 감동으로 다가온다면 〈사이〉는 영감으로 다가온다. 좀 거칠게 말한다면 박경한의 시 세계는 〈한 뼘〉과 〈사이〉를 두 축으로 전개되고 있다. 인식론적으로 〈한 뼘〉과 〈사이〉는 동의어다. 〈사이〉는 어떤 한 대상과 일정한 거리를 두고 있는 또 다른 한 대상과의 거리다. 박경한의 시 정신은 그

거리를 〈한 뼘〉으로 바라본다. 말하자면 서정적 자아와 세계와의 심미적 거리가 그만큼 가깝다는 뜻이다. 박경한의 시 세계는 이러한 서정 미학의 토대 위에서 구현되고 있다. 〈사이가 있어 꽃이 핀다〉고 했고, 〈사이가 있어 서로 바라본다〉고 했다. 〈불임의 살구나무가/홀로 꿈꾸고 별을 보는 것〉 또한 〈사이가 있기 때문이〉라고 했다. 아직은 더 무르익은 완성도와 깊이 있는 통찰을 기다려야 하지만, 그의 작품 「사이」는 「한 뼘」과 함께 대상을 들여다보는 인문학적 깊이와 그 대상의 단면을 스케치하는 서정적 감각에 대한 믿음을 갖게 한다. 이 시집에 실린 작품들은 감각과 감동의 시학 「한 뼘」과 사유와 철학의 시학 「사이」에 지어진 아름답고 따뜻한 서정의 집들이다. 「목련탑」은 여러 채의 집들 가운데 가장 인상적으로 지어진 한 채의 서정의 집이다.

부처가 열반에 들 듯
목련꽃이 졌다
오월의 햇볕이 그를 화장해서
색깔과 향기를 없앴다
아무에게도 알리지 않고
서둘러 장례를 치른 것은
내년의 환생을 믿기 때문이다
또 봄이 오면

목련탑 불사佛事로
야단법석일 것을 알기 때문이다
—「목련탑」 전문

시인은 목련의 아름다움을 독자의 상상에 맡겨버리고, 대담하게 목련의 장례를 노래한다. 「목련탑」 제목 자체만으로도 절정으로 피어오른 목련의 아름다움은 전달된다고 생각하는 것, 자칫하면 치명적이 될 수도 있는 대담한 레토릭이 성공적으로 구현되고 있다. 이러한 수사적 전략은 시인의 상상력의 무게가 〈한 뼘〉의 감동보다는 〈사이〉의 영감 쪽으로 기울고 있기 때문이다. 이를테면 그것은 소멸의 미학이자 그 소멸 너머에 있는 〈환생〉에 대한 믿음과 기대의 시학이다. 〈빈집 같은 아파트에 난꽃이 피었다/나비도 찾지 않고 새소리도 들리지 않는/외딴 집에서 홀로 출산한 어미처럼/……/생의 자국을 남긴 꽃에게〉(「난꽃」 부분) 시인은 〈늦은 밤 무릎을 꿇는다〉. 여기서 시인과 난꽃 사이의 거리는 딱 〈한 뼘〉이며, 심미적 거리는 그 〈한 뼘〉마저 사라져 그의 몸과 일체가 되면서 내면 속으로 스민다. 박경한의 두 번째 시집 『목련탑』이 거느리고 있는 가장 큰 미덕은 바로 〈사이〉와 〈한 뼘〉의 시정신이 작품 세계 전반에 걸쳐 보편적으로 구현되고 있다는 점이다.

3

이제 좀 편안하게 그의 시 정신, 그의 서정적 세계관이 개별 작품에서 어떻게 전개되고 있는지 살펴 볼 수 있을 것 같다. 그의 작품들은 본질적으로 〈한 뼘〉과 〈사이〉에서 피어난 꽃이다. 그리고 그 꽃들이 거느린 정서는 기쁨보다는 슬픔을, 밝음보다는 어둠을, 풍요보다는 결핍을, 만남보다는 이별을 지향하고 있다.

그에게도 어쩔 수 없는
소나기 같은 사랑이 있었을 게다
사랑이 다한 뒤 비에 젖은
불면의 긴 밤도 있었을 게다
소주 같은 이슬 마시며
그렁그렁한 눈으로 비명碑銘도 썼을 게다
철쭉꽃이 피고
몇 번의 눈이 흩날렸을 때
소중한 것의 부질없음 깨달았을 것이고
사랑은 새기는 것이 아니라
흘려 보내는 것임을,
산벚나무가 산벚꽃을 보내듯
다치지 않게 잘 보내는 것임을
알았을 게다

—「사랑—민달팽이의 노래·3」 전문

이 작품은 「시—민달팽이의 노래·1」과 「맨발—민달팽이의 노래·2」와 함께, 시인이 민달팽이에 기대어 삶의 스산함을 노래한 시다. 「한 뼘」의 텐션에 기대어 읽으면, 〈소나기 같은 사랑〉과 〈불면의 긴 밤〉, 〈소주 같은 이슬 마시〉는 민달팽이의 노래는 존재의 아픔을 부둥켜안고 뒹구는 시인 자신의 노래다. 그러므로 〈사랑〉은 〈산벚나무가 산벚꽃을 보내듯/다치지 않게 잘 보내는 것〉이라는 승화된 이별의 서정에 다다르는 것이다.

할머니가 휠체어에 할아버지를 밀고 갑니다 병원 복도 지나며 할머니가 "짐이요" 합니다 청소하던 아주머니기 고개를 갸웃거리며 비켜 섭니다 평생 그녀에게는 그이가 짐이었을 것입니다

생은 삐거덕하며
끌고 가야 할 짐이지요
우리가 서로에게 짐이면서
끌어가고 끌려가야 할 짐이지요
할머니의 파지 수레가
오르막길 오르는 것처럼
넘어야 할 짐이지요

—「짐짝」 전문

앞의 시가 자연에 의탁해 내면 속으로 걸어 들어간 것이라면, 이 시는 타자의 인생을 향해 던지는 시인의 시선이자 사회적 삶에 대한 인문학적 인식을 서정적으로 풀어내고 있는 것이다. 시인은 우리 모두의 삶을 〈서로에게 짐이면서/끌어가고 끌려가야 할 짐〉으로 보편화하고 있다. 이 시에서 우리가 놓치지 말아야 할 것은 존재의 슬픔과 삶의 아픔을 해학으로 치환하는 장치다. 〈할머니가 휠체어에 할아버지를 밀고 갑니다 병원 복도 지나며 할머니가 "짐이요" 합니다 청소하던 아주머니가 고개를 갸웃거리며 비켜 섭니다 평생 그녀에게는 그이가 짐이었을 것입니다〉. 〈"짐이요"〉 하는 할머니의 말 속에는 시인의 감수성을 넘어서는 지혜가 스며들어 있다. 박경한은 엄청난 삶의 무게를 짐으로 비틀어 낙관적 숙명으로 받아들이는 할머니의 지혜를 놓치지 않고 받아 적고 있다. 자칫 관념적으로 흐를 위험이 있는 존재 자체의 비극적 운명을 〈짐〉을 모티브로 리얼리티를 획득하고 있음을 볼 수 있다. 해학이 아니라면 대체 무엇으로 등이 휘는 삶의 무게를 공감과 감동으로 승화시킬 수 있겠는가. 〈목련이 환한 오후 네 시의 봄,/목련은 빛을 만드는데/너는 어둠을 만드는구나/친구여, 저 환한 목련도 어쩌면/고통을 뜯어먹으며 피는지 모른다〉(「친구는 사랑을 앓고」 부분), 〈어릴 적부터 여기저기 직장 떠돌다가/요릿집에서 기술 배워 가게를 열었다/아내랑 하루 종일 지지고 볶으면서/오토바이 타고 철가방을 나른다〉(「친구 이야기」 부분) 등 타자를 모티브로 한 작품들 대부분이 주류를 이루고 있는 것 또한 박경한의 시 정신이 실존의 준엄함 쪽으로 다가서고 있기 때문이다.

이른 아침에 시작한 이사가
저녁 무렵에야 끝나고
거실에 액자 거는 일만 남았다
이사의 하루가 길어
의자 아래서 액자를 들고
일꾼의 못질을 바라본다
사장님, 못질할 때는 원래
못을 쳐다보는 게 아닙니다
나는 집의 벽을 생각하고
그는 나의 눈을 걱정한다
별것 아닌 액자가
명품이 되어 걸려 있다

—「이사 이야기」 전문

단풍이 차마 아까운 날
산행하면서 돌탑을 만났네
크고 작은 돌들 서로 몸 기댄 채
말없이 자리를 지키고 있었네

큰 돌은 작은 돌을 업고
작은 돌은 큰 돌에게 몸 맡기고 있었네
사람의 몸도 돌탑이라 생각했네
다리가 얼굴을 업고 다닌다고 생각했네
위층의 돌이 지나치게 무거우면
와르르 무너진다는 것을 알았네

—「돌탑」 전문

이 두 편의 작품은 〈한 뼘〉과 〈사이〉의 서정 미학이 박경한의 시 세계에서 현장성을 바탕으로 구현되고 있다는 사실을 잘 보여주고 있다. 〈의자 아래서 액자를 들고/일꾼의 못질을 바라〉보고 있다. 그야말로 〈한 뼘〉의 거리. 시인은 시인 자신을 사물화하여 시의 문맥 속으로 밀어넣어 대상화하고 있다. 시의 행간에 시인이 있다. 그냥 지나쳐도 아무 일 없을 터인데, 시인은 돌탑 곁으로 다가서서 들여다본다. 〈큰 돌은 작은 돌을 업고/작은 돌은 큰 돌에게 몸 맡기고 있〉는 것을 보는 것이다. 그것을 보는 순간 시인의 상상력은 인문학적 상상력을 매개로 치환되면서 〈위층의 돌이 지나치게 무거우면/와르르 무너진다는〉 교훈적 통찰에 이르고 있다. 이 지점에서 주목하고 있는 것은 시적 성취와 통찰이 아니라 작품의 현장성이다. 현장성이 주는 리얼리티의 미덕을 이야기하고자 하는 것이다. 이삿짐을 나르는 생활 속에 시인이 있고, 돌탑 곁을 지나는 여행지의 현장에 시인이 있다. 시인과 대상과의 사이가 〈한 뼘〉을 넘어서 반 뼘이다. 반 뼘을 넘어서 한 몸이 되고 있다. 이처럼 박경한의 작품 세계는 정도의 차이가 보이기는 하지만, 바로 이 〈한 뼘〉과 〈사이〉의 서정 미학이 작동하면서 전개되고 있다.

4

입춘을 눈앞에 둔 지난 이월 중순 통도사 홍매를 만나러 떠났다. 홍매는 이리저리 뻗친 늙은 팔뚝 바깥으로 붉은 꽃잎을 밀어내고 있었다. 홍매의 늙은 팔뚝이 시인가, 그 팔뚝이 밀어낸 붉은 꽃잎이 시인가 생각해 보니 팔뚝은 시인이고 꽃잎은 시인 것 같다. 올해는 봄꽃이 일주일쯤 일찍 왔다고 한다. 골목에서, 뜰에서, 신천대로에서 아름답게 등불을 내건 희고 붉은 목련을 보면서 박경한의 「목련탑」을 떠올리는 병을 얻었다. 〈목련탑〉이라니, 〈목련탑 불사佛事〉라니 〈목련탑〉 이미지를 내건 것만 해도 이 시집은 괜찮다. 문제는 내가 얻은 병인데, 이 병에 듣는 단 하나의 약은 박경한 시인이 사는 한 잔의 술이다. 그 자리가 목련꽃 그늘 아래, 목련꽃 몇 잎 뚝뚝 술잔에 떨어지는 살평상이기를 바라지는 않는다.

그의 시를 읽으면서 시의 문맥에, 시의 행간에 묵묵히 몸을 밀어넣고 있는 모습에서 그는 운명적으로 시를 쓰지 않으면 안 될, 시를 쓰지 않고는 못 배길 서정적 DNA를 지니고 있는 시인임을 알겠다. 『목련탑』은 첫 시집의 풋내를 상당히 많이 걷어내고 있다는 관점에서 앞날을 기대한다. 그는 자서에서 〈수사修辭를 버리기 위해 애〉쓴다고 했다. 무슨 말인지는 알지만, 모른 적하고 한마디 충고를 던진다. 수사를 버리면 안 된다. 「목련탑」에서 살핀 바와 같이 박경한의 수사는 대담한 구석이 있다. 그리고 〈깊고 큰 사랑은/그늘 아래 무릎 꿇는 동백꽃처럼/붉은 사랑을 지우는 것〉(「지심도 동백꽃」), 〈붉은 열매 날름 수유授乳받〉는 〈나그네 새〉(「산수유」) 등 세련된 수사로 빚어낸 이미지가 적지 않다. 〈감각의 허상에 속지 않〉아야 하며, 〈서정을 버리지 않〉아야 하며, 욕심을 버리기 위하여 애〉써야 하며, 인간과 자연을 알아차리기 위하여 눈을 닦〉아야 하며, 민달팽이처럼 느리게 살기 위하여 애〉쓰는 것이 당연한 것처럼, 수사를 끌어안고 뒹구는 것 또한 당연하다. 수사는 문체와 관계되는 것이기 때문이다. 박경한류의 문체를 갖기 위해서는 수사를 위한 절차와 탁마는 지금보다 더 깊게 수행되어야 할 것이다. 진정한 레토릭은 잔꾀나 기교가 아니라 서정적 깊이를 확보하고 감동적인 표현을 위한 시의, 문학의 힘이라는 사실을 잊지 말아야 한다. 목련이 피는 시절이다. 이렇게 말하는 순간 어느 곳에서는 목련이 지고 있으리라. 섭리이자 운명이다. 시집 『목련탑』을 계기로 더 깊고 넓고 유정한 서정의 세계를 탐색해 나가리라 믿는다.

만인시인선 60

목련탑

초판 인쇄 2017년 3월 30일
초판 발행 2017년 4월 10일

지은이 / 박 경 한
펴낸이 / 박 진 환

펴낸 곳 / 만인사
출판등록 / 1996년 4월 20일 제03-01-306호
주소 / 41960 대구광역시 중구 명륜로 116
전화 / (053)422-0550
팩스 / (053)426-9543
전자우편 / maninsa@hanmail.net
홈페이지 / www.maninsa.co.kr



ISBN 978-89-6349-098-4 03810

값 9,000원



* 이 도서의 국립중앙도서관 출판시도서목록(CIP)은 서지정보유통지원시스템 홈페이지(http://seoji.nl.go.kr)와 국가자료공동목록시스템(http://www.nl.go.kr/kolisnet)에서 이용하실 수 있습니다(CIP제어번호 : CIP2017007987).

# 만/인/시/인/선

1. **이하석** 시집 | 高靈을 그리다

2. **박주일** 시집 | 물빛, 그 영원

3. **이동순** 시집 | 기차는 달린다

4. **박진형** 시집 | 풀밭의 담론

5. **이정환** 시집 | 원에 관하여

6. **김선굉** 시집 | 철학하는 엘리베이터

7. **박기섭** 시집 | 하늘에 밑줄이나 긋고

8. **오늘의 시 동인** | 「오늘의 시」 자선집

9. **권국명** 시집 | 으능나무 금빛 몸

10. **문무학** 시집 | 풀을 읽다

11. **황명자** 시집 | 귀단지

12. **조두섭** 시집 | 망치로 고요를 펴다

13. **윤희수** 시집 | 풍경의 틈

14. **장하빈** 시집 | 비, 혹은 얼룩말

15. **이종문** 시집 | 봄날도 환한 봄날

16. **박상옥** 시집 | 허전한 인사

17. **박진형** 시집 | 너를 숨쉰다

18. **정유정** 시집 | 보석을 사면 캄캄해진다

19. **송진환** 시집 | 조롱당하다

20. **권국명** 시집 | 초록 교신

21. **김기연** 시집 | 소리에 젖다

22. **송광순** 시집 | 나는 목수다

23. **김세진** 시집 | 점자블록

24. **박상봉** 시집 | 카페 물땡땡

25. **조행자** 시집 | 지금은 3시

26. **박기섭** 시집 | 엮음 愁心歌

27. **제이슨** 시집 | 테이블 전쟁

28. **김현옥** 시집 | 언더그라운드

29. **노태맹** 시집 | 푸른 염소를 부르다

30. **이하석 외** | 오리 시집